Rafika Ziane-Athman

"Un malade, c'est pas une cellule!"

Rafika Ziane-Athman

"Un malade, c'est pas une cellule!"

Les bases d'une relation médecin-malade réussie

Éditions Muse

Cover image: www.ingimage.com

Publisher:
Éditions Muse
is a trademark of
Dodo Books Indian Ocean Ltd., member of the OmniScriptum S.R.L Publishing group
str. A.Russo 15, of. 61, Chisinau-2068, Republic of Moldova Europe
Printed at: see last page
ISBN: 978-620-3-86647-6

A ma mère,

Que je remercie de m'avoir prodigué une éducation solide, basée sur la vérité, le respect de soi-même et des autres, l' indépendance, la loyauté, et l'esprit de responsabilité. Merci d' avoir seule assumé avec courage et patience le rôle de mère et de père à la perfection, de m'avoir permis, au prix de sacrifices immenses, de faire des études longues et passionnantes, qui ne sont pas à la portée de tous. Merci de m'avoir portée toujours plus haut, ne laissant jamais la place au pessimisme et au découragement. Merci d'avoir été le vecteur de mes réussites, ma force, mon pilier.

Introduction

La relation entre un patient et son médecin est précieuse. Pour qu'elle soit durable et fructueuse, le patient doit se sentir en confiance, écouté et respecté. Le lien qui unit le médecin et son patient doit être basé sur la confiance et l'échange. Le médecin quant à lui doit développer au-delà de ses compétences médicales et techniques tout un panel de qualité : être à l'écoute, faire preuve d'empathie et d'humanité. Bien entendu le patient parfait, tout comme le médecin idéal n'existent pas. Cet ouvrage issu de réflexions enrichies par mes consultations a pour but de mieux nous connaître pour mieux avancer ensemble. On reste des humains avec nos particularités. Mieux connaître nos qualités et nos défauts, pointer du doigt les imperfections de l'exercice médical en gardant un esprit critique et un certain recul, nous permet de nous améliorer. Mon parcours atypique m'a permis d'aborder la relation médecin/malade sous un angle particulier. Scientifique de formation après avoir effectué un Doctorat en sciences biologiques à l'Institut Curie, j'ai choisis tout en poursuivant ma carrière scientifique, d' entreprendre des études de médecine me permettant d'être Docteur en médecine. Cette démarche est née de la volonté d'aller toujours plus loin. Appliquer à l'échelle humaine les fruits de recherches fondamentales, faire le lien entre deux mondes apparemment si lointain mais tellement complémentaires. La volonté d'expliquer, de dialoguer et de partager mes connaissances avec mon interlocuteur est très forte. On imagine souvent que le scientifique est un être isolé, centré sur lui-même, en grande communion avec ses tubes, ses pipettes et ses cellules ! En fait un chercheur, tout concentré sur ces travaux qu'il puisse être, doit de part son activité, être confronté à des collègues de tous horizons. Il doit échanger avec ses collaborateurs, faire preuve d'esprit critique, être soumis régulièrement aux critiques et aux jugements de ses paires. Savoir se remettre en questions est aussi fondamental. Les communications et le partage des connaissances au travers de congrès et de publications l'amène à développer des contacts multiples. L' ouverture d'esprit que le métier de chercheur confère a été pour moi précieuse pour ma carrière de médecin. Dès mes premiers stages hospitaliers, il a donc été primordial et naturel pour moi de chercher à établir avec mes patients un contact chaleureux et basé sur la confiance. Cette volonté m'a accompagnée tout au long de mes études médicales et reste une priorité dans chacune de mes consultations.

Le premier contact

La relation médecin-malade est très particulière. C'est une relation complexe qui peut être la source de difficultés pour les deux bords. Pour le médecin, il s'agit d'être en capacité de cerner la situation en un temps limité. En l'espace de 15 à 20 minutes il doit instaurer un climat de confiance, savoir écouter sans trop se laisser déborder, décider et conclure la consultation, tout en proposant des perspectives et des repères pour la suite des évènements et donc faire preuve d'anticipation. Il se doit d'être à la hauteur des attentes du patient.

Le médecin doit instaurer une ambiance et une atmosphère agréables indispensables au bon déroulement de la consultation, et propices aux échanges qu'il devra avoir avec son patient. L'environnement doit être suffisamment spacieux, éclairé et bien rangé. Il est en effet plus agréable de rentrer dans un bureau où chaque chose est à sa place. Voir des seringues déposées à la hâte sur une table d'examen n'est pas particulièrement rassurant pour un patient. La propreté du lieu est essentielle. L'apparence du médecin lui-même a son importance. Sa tenue vestimentaire devra être neutre et propre. La blouse blanche toute tâchée avec un col sale ne présage rien de bon pour un patient ni pour l' amour-propre du médecin en question! Une patiente m'a rapportée avoir été particulièrement choquée au cours d'une visite dans un service de cancérologie où elle a vu sortir de son bureau un professeur de médecine, paquet de cigarette bien en vue dans la poche et traînant dans son sillage une odeur insupportable de tabac !

Le comportement du médecin a enfin toute son importance. Un médecin à la mine renfrognée qui enchaine les consultations avec lassitude ou en pensant à ses problèmes personnels, fera ressentir au patient qu'il n' est clairement pas le bienvenu ! Le médecin doit savoir en effet faire la part des choses et ne pas imposer au patient ses propres angoisses, sa tristesse, son dégoût. L'accueil est primordial : Accueillir le patient sans le regarder dans les yeux, en lui ouvrant la porte à moitié tout en consultant ses messages sur son téléphone n'est pas recommandé ! Le malade doit être accueilli dans les règles de bienséance indispensables. Le patient doit se sentir considéré. Le sourire n'est pas une option. Et ce même si la consultation précédente a été pénible et difficile, même si le médecin a ses petits problèmes personnels ce jour là, même si le patient que l'on s'apprête à accueillir a l'air nerveux et stressé, le médecin lui doit un accueil respectueux. Le patient doit être placé dans les meilleures conditions pour exprimer ses demandes et comprendre les décisions qui seront prises avec lui à l'issue de la consultation.

Une fois correctement accueilli et installé, le patient doit avoir le sentiment que le médecin est disponible pour lui. Cette consultation est son moment. Rien de plus désagréable que de se retrouver face à un médecin dérangé toutes les cinq minutes par son téléphone qui sonne. Cela peut arriver si une situation d'urgence se présente au secrétariat mais il doit s'agir d'un événement rare. Cela est bien pire encore lorsqu'il s'agit de conversations personnelles ! Ces situations sont stressantes pour le patient qui a l'impression de ne pas être entendu, de parler dans le vide. De plus, cela rend la consultation difficile à mener pour le médecin qui perdra le fil et la fluidité de la discussion. La difficulté pour le patient est de savoir exprimer l'objet de sa venue. Cela peut être parfois compliqué lorsque certains patients présentent des motifs de consultation multiples, parfois confus. Ces patients auront besoin d'aide pour mieux les exprimer et les organiser afin que les réponses qu' apportera le médecin soient à la hauteur de leurs attentes, quittes à prévoir un autre rendez-vous pour traiter les autres demandes. Les profils de patients sont, bien sûr, le reflet de la société avec des personnalités diverses et variées auxquelles le médecin doit s'adapter efficacement. Chacun a sa sensibilité, son ressenti, ses préjugés, son affect. En revanche le patient lui n'a pas à s'adapter, il s'attend à rencontrer un médecin qui, pour mieux répondre à ses attentes, devra faire abstraction de ce qui le caractérise en tant qu'individu : mettre de côté ses jugements, ses *a priori*, ses croyances, sa sensibilité politique. Ces abstractions devront se faire sans pour autant négliger son précieux sens de l'esprit critique. Il devra se rendre entièrement disponible à recevoir la demande du patient tout en parvenant à capter son attention pour lui faire entendre et comprendre les décisions qu'il prendra non pas pour lui mais avec lui. C'est ce qui rend l'exercice à la fois délicat, difficile mais tellement passionnant. L'important dans cette consultation est de considérer le patient en tant qu'acteur et partie prenante de la décision médicale dans laquelle il doit se sentir impliqué. La relation qui doit se tisser entre ces deux personnes en un temps si limité est précieuse. De sa qualité et de sa solidité dépendra le comportement du patient, notamment dans le suivi et la prise en charge de sa pathologie sur le long terme.

Le patient a ainsi le "pouvoir" de juger le médecin au premier coup d'œil, ce qui n'est pas recommandé mais c'est ainsi ! Il se fera une idée *a priori*. Le patient est le meilleur juge et le plus apte à apprécier si le médecin est compétent ou pas. Il est en effet mieux placé pour juger à tort ou à raison de la qualité d'un médecin. Rapidement il aura le "feeling" ou ne l'aura pas ! Et il saura le faire comprendre. De nos jours, cela peut avoir de lourdes conséquences, notamment en raison de la rapidité dont les informations, fausses ou réelles, se propagent sur la fameuse toile. L'impression que le patient aura au sortir d'une première consultation sera donc déterminante !

Le médecin généraliste fait l'objet d'attentes plus importantes, plus exigeantes de par le rôle qu'il occupe dans le parcours de soin dont il est le pivot. La centralisation des informations concernant un patient doit se faire chez le médecin généraliste, le plus souvent choisi comme médecin traitant, ce qui fait de lui un interlocuteur privilégié. L'important est que le patient se sente en totale confiance avec son médecin traitant pour jouer le jeu de manière durable, ce qui est crucial pour éviter le nomadisme médical.

La parole médicale

La parole médicale a été longtemps sacralisée. Le temps où le médecin était détenteur de la vérité absolue et où lui seul avait le "pouvoir" de décider de ce qui est bon ou pas pour un patient est heureusement révolu. La relation médecin/malade doit avant tout être un partenariat. Le médecin, de part son savoir a la capacité de proposer au patient les meilleures options pour l'aider dans son parcours de soin et de mettre à sa disposition toutes les avancées thérapeutiques. L'important c'est que les décisions prises impliquent pleinement le patient. Il est inconcevable de laisser partir le malade sans lui avoir expliqué les tenants et les aboutissants de son traitement par exemple. Délivrer une ordonnance pour réaliser une prise de sang sans préciser ce que l'on recherche n'a aucun sens. Il suffit que le malade fasse lire l'ordonnance au laboratoire d'analyses médicales pour comprendre qu'en fait son médecin suspectait une maladie grave et recherchait dans ce bilan des marqueurs de cancer par exemple. Apprendre cela par une tierce personne est assez difficile et donne au patient le sentiment d'être bien seul face à beaucoup d'incertitudes. C'est ainsi qu'une patiente m'a rapporté avoir vécu une situation éprouvante. Son médecin lui a délivré une ordonnance pour réaliser un bilan complet en y incluant la recherche d'une « glycémie à jeun et post-prandiale » qui nécessite que le patient vienne au laboratoire à jeûn pour un premier prélèvement, prenne un repas puis retourne au laboratoire au bout d'un certain temps pour contrôler l'évolution de son taux de sucre. Son médecin ne lui a pas expliqué toutes ses étapes et apparemment les explications du laboratoire n'ont pas été suffisamment claires. La patiente a donc fait l' erreur d'ingérer un bon repas sucré avant son prélèvement, ce qui a bien évidemment fait monter son taux de sucre en flèche ! Lorsque les résultats sont arrivés, le responsable du laboratoire, en personne, l'a appelée très alarmiste, en lui demandant de se rendre en toute urgence chez son médecin parce qu'elle avait « un diabète à un stade avancé » ! On imagine aisément le moment de peur et de panique que cette dame a pu ressentir. Le médecin ne doit pas s'épauler sur un autre acteur de santé en se disant « le laboratoire expliquera », ou « la pharmacie lui dira », après tout c'est « leur boulot »...Au laboratoire ou à la pharmacie, les patients peuvent avoir affaire à des stagiaires, du personnel en formation qui peuvent faire des omissions ou ne pas être suffisamment clairs. Le patient peut de son côté hésiter à poser les questions. Il est donc important de s'assurer d'avoir fourni toutes les explications à son patient. Les patients ont une culture médicale suffisamment élargie pour être apte à comprendre ce que l'on veut bien leur expliquer. Le temps où le médecin tout puissant décidait de tout sans rien dire au malade est révolu ! Malheureusement certains patients rapportent des situations où le médecin ne discute pas avec eux, leur tend une ordonnance et leur demande d'exécuter ce qu'il y a inscrit. C'est le cas d' un grand professeur à l'hôpital, qui après avoir annoncé un diagnostic lourd à sa patiente lui a tendu une lettre pour l'adresser à un confrère sans rien lui expliquer. Cette patiente très inquiète et en panique essaya d'avoir des informations en essayant de rattraper le médecin, sorti de son bureau : Il lui rétorquât de manière détachée en gravissant pas à pas les escaliers de l'hôpital : «Sachez madame, que nous les médecins, nous ne sommes ni des sorciers ni des magiciens !! » En d'autres termes, débrouillez vous ! Le manque de dialogue est très délétère et fait souvent "fuir" le patient. Cette arrogance et ce manque de considération sont particulièrement nuisibles. Le patient ressent de la part de ce médecin un sentiment de toute puissance, qui l'oppresse, l'écrase.

La parole médicale peut à défaut d'être inexistante, s'avérer maladroite ! Certains patients présentent des plaintes parfois diffuses, confuses. C' est le cas des malades qui ont des douleurs articulaires et/ou musculaires « un peu partout », empêchant de dormir, associées à une grande fatigue et évoluant depuis plusieurs mois. Pour peu que ce type de patient tombe sur le médecin pressé, qui n'a que 10 minutes à lui accorder, il s'entendra dire au bout de quelques minutes, sans forcément avoir été examiné « tout ça c'est dans votre tête ! ». Cette phrase, qui d'un revers de main discrédite et minimise la plainte du patient, aura des conséquences lourdes sur la relation du malade avec son médecin. D'autres médecins, devant un tel tableau et persuadés d' emblée qu'il s'agit d'un problème psychologique, s'attarderont sur la vie personnelle du patient « vos enfants vont bien ? C'est la période de l' adolescence, peut être avez-vous quelques difficultés en ce moment avec eux ? Et avec votre mari, peut être ne vous sentez vous pas assez aidée ? ». La plupart des patients, ne se sentant pas assez écoutée, ne reviendra plus jamais chez ce médecin et en cherchera désespérément un autre qui voudra bien prêter une oreille attentive et lancer les investigations qui s'imposent. Souvent elles révèleront une cause organique, une maladie évolutive. Il est important de noter que l'aspect psychologique ne saurait être mis en avant sans avoir lancé au préalable l'enquête médicale que ces symptômes exigent de mener.

De même la parole médicale a toute son importance lors de l'annonce d' une maladie grave. Bien entendu, il faut avoir conscience que ce type d' annonce peut constituer une difficulté pour le médecin. Il reste avant tout un être humain et sensible. Certaines situations peuvent le heurter personnellement parce qu'elles ravivent des blessures personnelles, des souffrances qu'il a pu endurer au sein de sa propre famille par exemple. Certains arrivent à garder une distance par rapport à l'histoire du malade, d'autres n'y parviennent pas. Ces derniers sont soit maladroits, soit complètement opaques devant la souffrance du patient en face d' eux. Ils développent une carapace tellement épaisse qu'ils en paraissent parfois sans cœur et inhumain ! Cette phase délicate nécessite au contraire de la part du médecin beaucoup d'empathie. Il doit faire preuve de tact tout en gardant à l'esprit que le patient en face de lui est responsable et tout à fait à même de comprendre. Il n'est donc pas nécessaire de passer par des chemins complexes pour annoncer une mauvaise nouvelle ou de tenter de « cacher » des éléments. Les mots doivent être certes choisis avec délicatesse mais un discours clair et concis suffit. Laisser le temps au patient de poser toutes les questions qui lui viennent, s'assurer que le message est bien passé et surtout être en mesure d'envisager l'avenir, sont des éléments très importants. Se voir proposer un plan d'action avec des perspectives positives permet de sortir de cette consultation d'annonce en se sentant soutenu. C'est en effet dans ces moments là que le patient doit se sentir épaulé et accompagné par son médecin. Certaines annonces se font dans des conditions telles que le patient en sort démuni, détruit.

Enfin, il faut souligner à quel point la parole médicale a été malmenée pendant la crise sanitaire. La méconnaissance de la maladie au début a engendré de nombreuses confusions. Les médecins de toutes les spécialités ont défilé sur les plateaux de télévision se risquant à des commentaires voire des prédictions la plupart du temps contredites par l'avancée, normalement lente, des connaissances. Le temps de la recherche scientifique fondamentale nécessaire à la compréhension des mécanismes d'action de la maladie n'est pas le même que le temps clinique, celui qui consiste à travailler au lit du malade. Ce décalage entre la science, qui permet l'avancée des connaissances sur un temps long, et la médecine qui exige de trouver des solutions rapides pour soulager au mieux le malade n'a pas été pris en considération. L'excès de la parole médicale à ce moment délicat a entrainé une perte de confiance de la part des malades. Les médecins sont devenus inaudibles tellement leurs interventions étaient devenues répétitives et infructueuses. Une certaine lassitude de la parole médicale s'est installée. Personne n'est omniscient et, parfois, dire « je ne sais pas », même lorsque l'on est un grand professeur de médecine, peut être très salutaire ! Il est aussi fort dommage que des chercheurs n'aient pas été plus souvent sollicités pour expliquer leurs travaux, les écueils rencontrés et les perspectives. Les scientifiques sont capables de vulgariser leur parole afin de la rendre accessible à tous et d'expliquer avec clarté et pragmatisme ce qui fonctionne et ce qui ne fonctionne pas, ce que l'on sait et ce que l'on ne sait pas encore. Cela aurait permis d'équilibrer les débats et de se faire une idée précise des difficultés auxquelles nous étions confrontés. Le défilé incessant de médecins certains qualifiés de "rassuristes ", d'autres d'"alarmistes " ou "enfermistes", apparaissant à chaque nouvelle vague de contamination, a contribué à décrédibiliser la parole médicale et à déconnecter les patients du monde médical, instaurant une lassitude certaine. La perte de confiance en la parole médicale est très néfaste surtout dans les moments de crise sanitaire que nous connaissons et qui vont perdurer. Ces moments nécessitent en effet que les patients soient réceptifs et ouverts afin d'adhérer et respecter les orientations qui sont choisies par le monde médical. Les explications doivent donc être claires, franches et simples et ne jamais varier où se contredire. Avancer doucement et sans précipitation permet d'éviter les erreurs d'appréciation et de guider efficacement la population. Quand le doute s'installe dans les esprits, la confiance est très difficile à reconquérir. De plus il est très important que les paroles scientifique et médicale gardent leur distance avec la parole politique.

Le médecin et son patient

Instaurer un climat de confiance ne tient pas à grand-chose. La relation que noue le médecin avec son patient dépend bien sûr de nombreux paramètres. La personnalité du médecin lui-même compte pour beaucoup. Certains sont de nature réservée, introvertie peu enclin à la discussion. D'autres sont plus ouverts, plus à l'écoute, attentifs aux demandes du malade. Pour exercer efficacement et dans les meilleures dispositions le médecin doit savoir échapper à sa pire ennemie : la routine. Il n'y a rien de pire que de ressentir la monotonie ou le manque d'envie dans ce métier. Dans une journée, un médecin peut recevoir de nombreux patients présentant des motifs de consultations strictement identiques, par exemples les rhumes en hiver. Et pourtant, chaque consultation sera unique parce que chaque patient est unique, c'est ce qui fait la richesse de ce métier. Chaque consultation est un apprentissage et ce quelque soit notre niveau d'expérience. On ne sait jamais tout, on ne sait jamais assez. L'humain est en soit un puits de savoir et on apprend toujours de l'autre. Un médecin qui ressent la routine dans son travail peut être à l'origine de prescriptions erronées, inappropriés. Il cèdera plus facilement aux demandes de patients trop insistants et perdra ainsi le recul nécessaire et son sens de l'esprit critique.

Selon le mode et le lieu d'exercice, la relation médecin/malade peut être différente. Travailler en tant que médecin libéral ou médecin salarié n' engendre pas les mêmes contraintes. De même le médecin de campagne et le médecin de ville ont un mode d'exercice assez différent. De plus il est important de mentionner que les déserts médicaux ne sont pas uniquement à déplorer en campagne mais il en existe aussi dans certaines banlieues où la rareté des médecins pose un sérieux problème.

On a tous en tête l'image agréable du « bon vieux » médecin de famille qui appelle ses patients par leurs prénoms et qui connait tous les membres de la famille sur plusieurs générations. Dans ce cas il aura suffi que le médecin tisse des liens de confiance avec les parents pour pouvoir pérenniser cette relation sur de nombreuses années jusqu'à suivre les enfants ainsi que les parents vieillissant et les petits-enfants. Cela est parfois très touchant de voir le médecin généraliste suivre à domicile ses patients très âgés qui se souviennent de lui lorsqu'il était jeune médecin débutant, hésitant, balbutiant et cherchant à faire de son mieux. Ils lui ont accordé leur confiance, leur patience puis l'ont vu grandir, murir et évoluer. La confiance est si bien ancrée qu'il devient presque un membre de la famille. Ces situations se retrouvent fréquemment en médecine de campagne où les liens se tissent plus facilement. Le médecin connait l'histoire de la famille, les habitudes, les craintes, voire même les petits secrets de chacun. Il est le confident.

Dans le cas du médecin de campagne, les visites à domicile constituent une grande partie de ses consultations. Il parcourt plusieurs kilomètres pour répondre aux attentes de ses patients et ne ménage ni ses efforts ni ses heures. Il est parfois le seul médecin sur un large périmètre et doit gérer la santé d'un grand nombre de patients qui comptent sur lui et lui font confiance. Il pèse donc sur lui une lourde responsabilité. Il pratique parfois des actes que d'autres médecins de ville ne réalisent pas. Il se doit d'être, dans certaines circonstances, plus interventionniste. En effet il n'a pas toujours le confort d'avoir une infirmière à proximité. Par exemple, il ne prescrira pas la réalisation d' injections, mais les fera lui-même. J'ai assisté à des situations, lors de mes stages en campagne, où le patient sollicite une consultation juste parce qu'il a besoin de parler, d'être écouté. Cela permet de rompre l' isolement et la solitude. L'efficacité de cette visite vaut parfois plus que tous les médicaments lorsque l'on voit le visage apaisé, soulagé de ce patient qui a été écouté avec patience et intérêt. Cela n'est possible que si le patient et son médecin ont noué une relation privilégiée basée sur la confiance. Pour certains, le médecin est le seul lien avec l'extérieur, leur petite bouffée d'oxygène. Mes maîtres de stage en campagne, à qui je rends un vibrant hommage, ont fait preuve d'une patience et d'un dévouement impressionnant. Les voir apporter le sourire et même la joie dans certains foyers a été particulièrement touchant. Il est ainsi fréquent que le médecin de campagne reparte souvent avec son petit lot d'œufs frais ou son sac de courgettes ! Même le chien de la famille reconnait le médecin en visite, sans être forcément très rassurant pour le stagiaire en médecine qui l'accompagne !

Pour certaines personnes très isolées le médecin sera le trait d'union entre le patient et les services soignants, tels que les aides à domicile et les infirmières qui jouent aussi un rôle déterminant dans leur maintien au sein du parcours de soin. Il jouera le rôle de coordinateur et d' interlocuteur clé pour permettre le plus longtemps possible de maintenir à domicile le patient pour éviter autant que faire se peut de l'extraire de son foyer. Une hospitalisation est parfois source de perturbations irréversibles qui induisent la perte de repères et l'apparition de troubles cognitifs qui s'ajoutent à la souffrance du malade et accentuent son isolement. Le maintien à domicile permet aussi à l'équipe soignante d' accompagner le malade dans ses derniers instants et de lui prodiguer les soins de fin de vie pour lui apporter confort et bien être. Rompre l' isolement du médecin de campagne en agissant rapidement sur le problème des déserts médicaux est primordial. Certes des maisons de santé existent mais elles ne permettent pas de régler complètement le manque et de diminuer la pression sur les médecins isolés et elles ne sont pas assez nombreuses. La solution reste l'incitation à l'installation en accompagnant efficacement les jeunes médecins.

Le médecin de ville, quant à lui, a souvent l'image du médecin débordé, pressé et croulant sous le travail. Il y a peu de places pour les consultations à domicile. On a tous expérimenté les longues minutes, voire des heures de patience dans une salle d'attente bondée (avant le covid…), une véritable souffrance. Et lorsque notre tour arrive on a la fâcheuse impression que notre consultation a été plus courte que celle des patients précédents ! Certains médecins de ville, le plus souvent ceux exerçant en libéral, ont dans une journée un nombre de patients qui dépasse souvent l'entendement. Cela peut aller jusqu'à 35 patients par jour ! En plus des consultations, le médecin doit gérer les dossiers, prendre connaissance des comptes rendus hospitaliers ou opératoires, interpréter les résultats de bilans sanguins. Comment trouver le temps de faire des consultations efficaces pour le patient ? Heureusement la secrétaire dévouée est souvent là mais elle ne peut pas tout gérer! Ce rythme est tout simplement insupportable, les journées sont interminables. Comment se concentrer sur un patient de façon efficace lorsqu'une consultation n'excède pas 10 minutes, et ensuite passer au patient suivant à un rythme infernal? Le patient, de son côté n'a souvent pas le choix que d'attendre. Il est tellement difficile de trouver un rendez vous en ville que la seule solution est de prendre son mal en patience ! Il est important de garder à l'esprit que ces situations vécues de manière répétée par un patient excédé sont souvent une cause de nomadisme médical. Un médecin pressé n'a pas le temps de tout faire. Il peut être un excellent technicien et faire les gestes requis à la perfection mais cela ne suffit pas. Une patiente se présentant chez un spécialiste pour l' ablation d'hémorroïdes m'a rapporté avoir été parfaitement prise en charge sur le plan médical. Mais lorsque j'ai commencé à lui prodigué tous les conseils nécessaires pour éviter une récidive, notamment l' importance de ce que l'on appelle les règles hygiéno-diététiques, tout en en pensant qu'elle avait été informée, elle me regarda d'un air étonné en me disant : « c'est incroyable que le médecin ne m'ait rien dit de tout cela ! ». Lorsque le médecin ne prend pas le temps qu'il faut et n'utilise pas les termes compréhensibles pour le malade, il peut être à l'origine de malentendus surprenants. Cela concerne surtout les personnes âgées ou les patients ne maîtrisant pas parfaitement le français. Une patiente m'a expliqué qu'au cours d'une consultation, le médecin lui avait prodigué quelques conseils diététiques en lui disant qu'il était important pour elle de consommer plus de sucres lents. En toute confiance, et persuadée de bien faire, elle s'est rendue au supermarché du coin et a acheté un pot de confiture de 500g pensant qu'il fallait qu' elle mange plus de sucres ! Dans " sucres lents" elle n'avait retenu que le mot "sucre" ! Suite à cette erreur, elle a fait un malaise dans la rue et s' est retrouvée aux urgences où elle a beaucoup amusé le personnel soignant, en racontant que c'est son médecin qui lui avait dit de manger beaucoup de sucres ! Les termes employés sont très importants et s' assurer que l'on s'est bien fait comprendre n'est pas un luxe ! Le médecin a un rôle clé dans l'éducation thérapeutique de son patient. Il doit être pédagogue et donner à ce dernier tous les éléments pour comprendre et gérer sa maladie ainsi que son traitement. Il doit le responsabiliser.

La consultation chez l'ophtalmologiste peut mettre dans certains cas le patient en grande difficulté. Changer de verres de lunettes peut s'avérer particulièrement compliqué. Une fois installé sur la chaise le patient doit pouvoir en un temps record être capable de déterminer s'il voit mieux ou moins bien alors que le médecin change les verres sur la monture à une vitesse déconcertante. Ceci est d'autant plus déroutant que le docteur donne des signes d'agacement ou de nervosité lorsque le patient ne répond pas assez vite ou hésite ! Si ce dernier est impressionnable, il suivra le rythme curieux imposé par le médecin et cela pourra donner lieu à de grosses surprises une fois les lunettes élaborées. Si au contraire, le patient arrive à casser ce rythme et dire franchement au médecin que tout cela va trop vite, qu'il faut reprendre les essais plus calmement, il réussira à obtenir une prescription compatible avec sa situation. Ces exemples sont très fréquents et ont souvent pour conséquence le renoncement du patient à se rendre chez l' ophtalmologiste pour un changement de lunettes ! Bien entendu, il est important de préciser que tous les médecins libéraux ne sont pas tous des médecins pressés et sous pression. Heureusement, certains aménagent efficacement leur emploi du temps, ménageant ainsi leur propre santé mais aussi les nerfs de leurs patients ! Il arrive que des médecins, par souci d'économie pour le système de soins, adoptent un curieux comportement. C'est l'expérience qu'une patiente a vécu il y a quelques années. Souffrant de violentes douleurs localisées dans la fesse gauche avec difficultés à la marche, elle s'était rendue chez un rhumatologue, suivant les recommandations de son médecin généraliste. Le rhumatologue, peu loquace, décida de lui prescrire une radiographie centrée sur deux vertèbres lombaires et a conclu qu'elle souffrait de sciatique sans aller plus loin ni dans son interrogatoire, qui aurait pu apporter de précieux indices, ni dans son examen clinique ni dans les examens complémentaires, lui précisant bien qu'il était attentif à ne pas creuser plus "le trou de la sécu". Il décida que le seul moyen de la soulager était de pratiquer des infiltrations lombaires, c'est-à-dire l' injection de cortisone entre les vertèbres lombaires. Sur le plan technique ces injections étaient parfaitement menées, indolores et s' avéraient particulièrement efficaces si bien que la patiente se rendait plusieurs fois par an chez ce rhumatologue à chaque crise pour bénéficier de ce traitement, qui n'est pas sans conséquences. Le rhumatologue de son côté était particulièrement content de lui-même puisqu'il avait « réussi » à ne jamais prescrire d'arrêt de travail à cette patiente, la sécu serait donc sauvée ! Cela a duré environ 6 années jusqu' au jour où la patiente a connu une crise particulièrement violente, l' empêchant de bouger dans son lit, et donc la mettant dans l'incapacité de se rendre chez son rhumatologue. Prise en charge en urgence, elle fut hospitalisée dans un service de médecine interne où elle a bénéficié de toutes les investigations qui s'imposaient. Le diagnostic était tout autre ! Elle souffrait finalement d'une toute autre pathologie et le retard de diagnostic a été très pénalisant pour cette patiente.

Le médecin de ville a un confort que le médecin de campagne n'a pas. Il peut, lorsque la situation l'impose, disposer d'un plateau technique rapidement et recourir à des collègues spécialistes plus facilement que le médecin de campagne. Hospitaliser un patient est plus aisé en ville même si cela demande toujours quelques âpres négociations…

En centre de santé, le mode d'exercice est différent. Le médecin est sous le statut de salarié et les consultations sont rythmées par le planning imposé par le cadre administratif. Les consultations sont d'une durée maximale de 20 minutes ce qui permet d'avoir un nombre de malade plus ou moins fixe par jour sans ajout de « doublon » comme c' est souvent le cas en libéral. Bien sûr cela ne veut pas dire qu'un patient ne connaitra pas des temps d'attente en centre de santé. Il suffit que le médecin reçoive un cas particulièrement compliqué, une urgence ou un patient dont la situation demande plus de temps pour entraîner un retard et donc un décalage des consultations. Ces situations ne sont pas répétitives et la plupart du temps les patients qui subissent ces retards sont très compréhensifs. Travailler en centre médical est donc plus aisé que l'exercice libéral. En effet cela permet de s'affranchir de la charge administrative très lourde à gérer en libéral. Les consultations sont plus longues, le médecin est plus disponible et donc le patient souvent moins stressé. Par ailleurs, en centre de santé, le médecin n'est pas seul. Il travaille avec d'autres confrères de diverses spécialités et peut plus facilement demander un avis si une situation le requiert.

Quelque soit le lieu, le mode ou le cadre d'exercice, le médecin est là pour apporter son écoute, son aide et son soutien au patient, sans conditions. Quelque soit le patient, sa condition sociale, son origine, il doit lui apporter toute son attention et lui proposer tout ce que la médecine met à sa disposition pour répondre à ses attentes.

Le cas particulier du médecin remplaçant

Tout médecin a eu à ses débuts l'occasion de réaliser des remplacements de collègues pour des durées plus ou moins longues. Certains trouvent l'opportunité de s'installer après avoir remplacé un médecin parti à la retraite. D'autres choisissent d'exercer en tant que remplaçants sur du long terme pour des raisons diverses. Financièrement, il est assez complexe et onéreux de s'installer en tant que médecin libéral. De plus l'adaptation des horaires et des jours de remplacement laisse la place à une meilleure flexibilité du temps de travail permettant une plus grande disponibilité pour la vie familiale. Les remplacements sont aussi l'occasion de diversifier l'activité. L'exercice à l'hôpital est différent de l'exercice libéral ou de l'exercice en centre de santé. Les patients rencontrés sont différents, les conditions de travail ne sont pas les mêmes. Effectuer des remplacements est particulièrement enrichissant. Cela permet de rencontrer des patients d' horizons divers, de conditions sociales différentes. Diversifier les lieux d' exercice permet aussi de découvrir des régions, de renforcer les équipes soignantes dans les déserts médicaux. Le médecin remplaçant n'est donc pas toujours un médecin débutant mais il peut s'agir d'un médecin expérimenté ayant à son actif plusieurs années d'exercice. Le patient a souvent affaire à un médecin remplaçant pendant les périodes de congés de son médecin traitant soit au sein même du cabinet de ce dernier soit dans une autre structure, un autre cabinet ou un centre de santé.

Le médecin remplaçant a souvent à faire face à des situations particulières selon qu'il remplace le médecin traitant du patient en question ou pas. Dans le premier cas il a accès au dossier du malade et peut assez aisément répondre aux attentes du patient. Lorsqu'il s'agit de renouveler une ordonnance, il est plus facile de se référer au dossier et de satisfaire la demande du patient. Parfois un médecin qui prend des congés ferme son cabinet pour une période plus ou moins longue et fait le choix de ne pas faire appel à un remplaçant. Dans ce cas le patient cherche et trouve le premier médecin libre sur les différentes plateformes de rendez vous et tombe le plus souvent sur un remplaçant.

Le médecin remplaçant se trouve face à des situations diverses et variées qu'il doit savoir gérer avec finesse. Il arrive que le patient se présente pour un renouvellement de traitement sans amener son ancienne ordonnance. Comment savoir si ce traitement est bien adapté pour ce patient dont on n'a pas de dossier ? Ce traitement est-il vraiment celui du patient que l'on a en face de nous ? Certains arrivent en tendant un petit bout de papier sur lequel sont listés les médicaments qu'ils souhaitent comme une petite liste de courses ! Cela concerne le plus souvent des traitements lourds, nécessitant une réévaluation. C'est le cas des antidépresseurs, des anti-douleurs puissants. Renouveler aveuglément et automatiquement des traitements lourds et parfois dangereux peut avoir de lourdes conséquences.

Certains patients expriment au médecin remplaçant des plaintes dont ils ne parlent pas à leur médecin traitant. Un patient est un jour venu pour des problèmes cutanés très invalidants évoluant depuis plusieurs mois. Très étonnée de l'ampleur des ses lésions, je lui ai demandé s'il en avait parlé à son médecin traitant et que pensait ce dernier de la situation. Il m'a répondu : « non j'en ai pas parlé à mon médecin traitant. La dernière fois que je l'ai vu je l'ai consulté pour tout autre chose...et le pauvre il était tellement débordé que je n'ai pas voulu l'embêter avec ça ! » En attendant il a laissé évolué le problème qui le gênait le plus...cela témoigne d'une relation médecin-malade biaisée dans laquelle c'est le patient qui a de la peine pour son médecin ! Le monde à l'envers !

Dans certains cas, il peut être salutaire pour le malade de rencontrer un médecin qu'il ne connait pas. Cela permet d'apporter un regard neuf, frais et critique qui fait du bien au patient. Le plus souvent les patients âgés qui ont de multiples pathologies présentent, pour renouvellement, des ordonnances qui donnent le vertige ! Elles comportent une liste de médicaments si longue que le patient lui-même paraît perdu et en difficulté. Le patient ne connait pas toujours les raisons pour lesquelles tel ou tel médicament lui est prescrit : « Je le prends depuis de nombreuses années mais je ne sais pas pourquoi !». C'est l'occasion de faire le grand ménage de l'ordonnance. On découvre parfois des redondances médicamenteuses. Certains traitements sont renouvelés automatiquement sans avoir été réévalués. Prescrits à la suite d'une hospitalisation ou d'un passage aux urgences, ils ont été repris dans l' ordonnance de base et rajoutés à une liste déjà trop longue. Les patients ressortent ravis de l'allègement de leur traitement lorsque celui-ci est réduit au strict nécessaire.

Parfois la relation du patient avec son médecin traitant est si forte que le malade se sent complètement perdu lorsque le médecin part pour une longue période ou, encore pire, en retraite ! Il a pris avec son médecin de nombreuses habitudes bien ancrées, bonnes ou mauvaises et peut parfois être récalcitrant à accepter une nouveauté ou un changement dans sa prise en charge. Le médecin remplaçant ou successeur devra être donc particulièrement patient et compréhensif pour prendre une telle relève et progressivement gagner la confiance du patient.

Enfin il est à noter que pour un médecin remplaçant, il est éminemment plaisant d'entendre un patient lui proposer : « Acceptez vous de devenir mon médecin traitant ? Pour une fois j'ai un très bon contact ! Et je vous trouve très sympathique ». Cela signifie que le médecin a réussi à créer avec un patient qu'il ne connaît pas, au cours d'une première consultation, une relation de confiance. Malheureusement le statut de remplaçant ne permet pas d'assurer la continuité des soins. Et les patients sont souvent très déçus d'avoir « trouvé » un médecin avec qui le contact est bon mais de ne pas pouvoir le garder comme médecin référent. Parfois le patient, ravi du lien qu'il a pu établir avec un médecin remplaçant, revient le consulter régulièrement pendant toute la durée de son remplacement. Certains surveillent les plateformes de rendez vous pour retrouver le médecin sur un autre lieu d'exercice et organiser un suivi avec celui qui leur a porté satisfaction, amenant aussi leurs enfants et d'autres membres de la famille.

Le patient ...et ses demandes

Une demande phare est le certificat médical, quelle épineuse question ! C'est un sujet qu'il faut savoir expliquer au patient. La plupart du temps, le patient s'assoit gentiment avec un sourire très rassurant tout en disant : « Pour moi ça va être rapide, je ne vous prendrai pas trop de temps c'est JUSTE pour un certificat médical !». Il arrive que ces demandes tombent au cours des consultations de fin de matinée, juste avant l'heure du déjeuner, quand le médecin commence à être un peu fatigué. La plupart du temps, il s'agit de demandes d'aptitudes à la pratique sportive. Certains demandent de remplir un certificat d'une dizaine de pages pour une demande de reconnaissance d'un handicap physique ou mental. D'autres demanderont un certificat d'aptitude à l' exercice d'un emploi. Dans tous les cas, le patient s'attend à ce que le médecin remplisse le précieux document, signe, tamponne et le lui remette. Effectivement, vu de cette façon, cela peut être rapidement réglé et tout le monde gagnerait du temps ! Bien sûr, tout est loin d'être aussi simple. Et le but d'une consultation n'est pas de gagner du temps avant qu'elle n'ait pu commencer ! Chaque type de certificat exige une attention particulière, la réalisation d'un examen clinique, parfois la demande d'examens médicaux complémentaires, la vérification des vaccinations correctement mises à jour...

Certains patients n'ont pas la notion du fait qu'un certificat médical engage la responsabilité du médecin. Beaucoup s'étonnent qu'un examen clinique leur soit imposé alors que cette étape peut permettre de déceler des anomalies non identifiées jusqu'alors, ce qui est dans leur intérêt. Certaines situations sont très compliquées à gérer surtout lorsque le patient se heurte au refus du médecin de délivrer le fameux certificat. C'est le cas d'un patient venu en précisant « ce certificat je dois l'avoir aujourd'hui, c'est le dernier délai pour le remettre à ma fédération !! » Si le médecin décèle une anomalie respiratoire ou cardiaque, la délivrance de ce certificat ne pourra en aucun cas être possible. Le médecin ne pourra donc pas répondre à cette exigence et devra en expliquer les raisons en précisant les conditions dans lesquelles lui selon ce document devra être rédigé. Ce refus de délivrer un certificat est diversement apprécié par le patient et la consultation peut vite prendre une tournure conflictuelle. Un tel patient, venu avec l' objectif précis de repartir avec son papier signé, pourra difficilement accepter une réponse négative. Il essaiera de négocier, en disant qu'il en prend l'entière responsabilité. Il fera même référence à son vieux certificat que son ancien médecin traitant lui avait délivré il y a 3 ans sans l'examiner. Ces situations sont plus difficiles à gérer pour le médecin lorsqu'il n'est pas le médecin traitant de ce patient. C'est souvent le cas pendant la période estivale, où les patients consultent, pour l'obtention de ces certificats, le premier médecin disponible en absence de leur médecin traitant. Dans ce cas, le médecin consulté n'a strictement aucune information sur le patient, aucun dossier médical. Il ne saura de lui que ce qu'il voudra bien lui dire. S'il n'a pas apporté son carnet de vaccination alors que le certificat demandé concerne par exemple une aptitude à travailler avec des enfants ou à vivre en collectivité, le médecin sera en difficulté. Certains patients demanderont de les croire sur parole, jurant que tout est en règle !! Savoir dire non à un patient est très important. Bien entendu, il faut expliquer les raisons du refus, proposer au patient de revenir avec les bons documents et tenter d'apaiser la situation pour éviter les situations conflictuelles. Quand la situation l'impose, parce que l'examen aura décelé par exemple une anomalie de l'auscultation cardiaque, il faudra l'orienter vers un cardiologue pour faire mener les investigations complémentaires.

Certains patients considèrent le médecin comme un écrivain d' ordonnance. Il arrive qu'une personne s'installe avec des manières peu aimables en disant « alors, il me faut pour un voyage une ordonnance pour tel médicament pour moi, mon mari et mes cinq enfants dont voici les noms ! ». Si on tente d'expliquer à une telle personne qu'il est préférable de recevoir en consultation les destinataires d'une telle ordonnance, cela peut mal se passer ! Mais le médecin ne peut pas non plus tout accepter...

Un autre exemple est celui du patient qui choisit délibérément un médecin qui ne le connait pas pour obtenir un traitement pour des fins obscures avec en plus l'exigence de la mention « renouvelable pour 06 mois » ! Parfois il suffit de contacter la pharmacie où il a l'habitude de se fournir pour constater que ce patient va de médecin en médecin, se fournit dans diverses pharmacies, et pour comprendre qu'il y a anguille sous roche. Inutile de préciser que ces demandes insatisfaites mettent le dit patient dans un état d'agressivité même si l'on fait tout pour être le médecin le plus calme et le plus aimable du monde ! D'autres estiment que le médecin doit leur rendre service. C'est le cas d'une demande d' arrêt de travail ante-datée : « je ne suis pas allée travailler depuis trois jours, il me faut un arrêt pour me couvrir et daté d'il y a trois jours ! ».

Quand le patient apporte lui-même le diagnostic à son médecin, cela peut donner lieu à des dialogues assez amusants : « Docteur, je viens parce que j'ai une angine, je sais que c'est ça parce que je l'ai vu sur internet, c'est sûr ! J'ai pris un antibiotique que mon mari avait pris il ya un an pour la même chose mais depuis 05 jours je ne comprends pas ça s'aggrave et je commence à perdre la voix. Je pense que cet antibiotique n'est pas assez fort, il faudrait le changer et m'en prescrire un autre! ». Devant une telle somme de certitudes, il faut savoir aimablement expliquer à cette patiente déroutée qu'il serait quelque peu utile qu'elle nous permettre de l'examiner avant tout !! Ces situations sont fréquentes mais assez facile à gérer si on prend le temps d' expliquer point par point au patient pourquoi il fait fausse route.

Il arrive que le patient se présente avec une liste particulièrement fournie de symptômes qu'il a détectés durant le mois écoulé. Durant le premier confinement, une dame âgée vivant seule et très éprouvée par l' isolement imposé, s'est présentée dans un état de stress important en disant : « J'ai noté sur ce papier tout ce que je ressens depuis un mois, je me suis documentée, je pense que c'est grave et j'aurais donc besoin des examens suivants... » Tout en me tendant une deuxième petite liste avec tous les examens complémentaires qu'elle avait jugé particulièrement indispensables, dont certains assez étonnants : Scanner de la tête aux pieds, IRM des hanches, échographie abdominale, ostéodensitométrie, "échographie des muscles des bras, et des muscles des jambes" ...Angoissée et noyée dans un trop plein d' informations contradictoires, elle était très décidée à obtenir toutes ces ordonnances. Elle s'était persuadée que chaque symptôme était forcément relié à un examen spécifique pour connaître son diagnostic. Ce genre de patients nécessite beaucoup de pédagogie pour bien lui faire comprendre avec patience les étapes à suivre pour l'aider. Il est important de lui expliquer que seul l'examen clinique soigné permettra de décider du ou des examens complémentaires indispensables. Le danger pour le médecin et de ne pas prendre en compte les plaintes d' une telle patiente. En effet son attitude nerveuse, son angoisse, sa façon de s'exprimer, la longueur de son discours pourrait induire le praticien à tout mettre sur le compte de problèmes psychosomatiques, vus les circonstances et le contexte d'isolement. L'examen clinique a permis finalement de suspecter, détecter et traiter rapidement une phlébite de la jambe. Cette dame avait donc de bonnes raisons de venir consulter même si ses motifs de consultation étaient particulièrement flous et confus. C'est au médecin que revient la charge de faire le tri et de guider le patient en prenant le temps de l'explication sans le juger ni prendre son attitude défensive pour une attaque personnelle.

D'autres patients arrivent avec des motifs de consultations très clairs et très précis mais... trop nombreux ! « J'ai mal à la tête, j'ai une douleur au pied droit depuis 03 semaines, j'ai des boutons dans le dos, les cheveux qui tombent, une douleur à l'épaule droite, j'ai des palpitations qui m' angoissent et il me faut une prise de sang et aussi une prolongation de mon arrêt de travail !». Il s'agit souvent de patients qui consultent peu et qui profitent d'une consultation pour régler tous leurs problèmes anciens ou récents. Il faut tenter de détecter la ou les demandes importantes et aider le patient à mettre des priorités, sinon la consultation peut durer quelque temps ! Parfois, il arrive qu'une fois la consultation terminée, l'ordonnance signée et expliquée, le patient venu initialement pour tout autre chose, se remémore soudainement un petit détail qui peut avoir toute son importance : « Ah docteur j'ai oublié de vous dire : j'ai depuis 03 jours une petite douleur dans le dos à droite avec des difficultés à uriner »...Là c'est le signe qu'il faut tout reprendre à zéro !

Le patient doit aussi comprendre que toute consultation ne se termine pas systématiquement avec la délivrance d'une ordonnance. Un mal-être provoqué par une souffrance au travail pousse certains à consulter pour obtenir l'ordonnance d'un médicament pour « dormir ». Il est des situations où le médecin doit essayer d'aller au fond du problème pour mieux cerner le mal être et trouver avec lui des solutions alternatives. Lui conseiller de modifier son comportement au travail, appréhender différemment la personne qui le harcèle moralement etc. Redonner au patient confiance en lui aide à désamorcer bien des situations. Le soutien psychologique fait partie intégrante du travail du médecin. Quel bonheur que de voir à l'issue d'une longue discussion, le visage éclairé, revigoré d'un patient qui a repris courage et la force de se battre. La meilleure récompense est de l'entendre vous dire « merci docteur de m'avoir écoutée, rien que de vous avoir parlé, et grâce à vos conseils, je me sens soulagée et apaisée ! ». Et une telle consultation, très fréquente par ailleurs depuis le début de la crise sanitaire, se termine sans aucune prescription. Répondre à la demande du patient en le mettant d'emblée sous anxiolytiques ou antidépresseurs c'est le faire entrer dans un engrenage infernal. C'est la solution de facilité. Le patient ressort tout content et le médecin aura gagné du temps...Trop de patients sont dépendants de telles prises médicamenteuses, il s'agit d' un véritable fléau.

Durant la crise sanitaire beaucoup de demandes d'arrêt de travail pour " burn-out" ont été formulées. Discuter, chercher à comprendre les motifs d'une telle demande est primordial. Est-ce vraiment un "burn-out", que se cache-t-il derrière une telle demande ? Est-ce vraiment la solution adaptée à ce patient ? Certains fuient de réelles situations de souffrance au travail en se faisant prescrire des arrêts de travails successifs et répétitifs en allant de médecins en médecins. Ces patients ont développé une véritable phobie et redoutent physiquement de retourner au travail, s'enfermant ainsi dans un syndrome dépressif et un cercle vicieux particulièrement destructeur. Plutôt que de renouveler les arrêts, il est important d'arrêter ce cercle infernal et d'aider le patient à renouer avec le monde du travail en lui expliquant que fuir n'est pas une solution. Reprendre contact avec la médecine du travail qui doit être plus présente au service du salarié en souffrance, chercher à trouver des solutions comme l'adaptation du poste de travail, des horaires, signaler lorsque des cas de harcèlement au travail sont révélés etc. Lui expliquer quels sont les outils de protection sociale et juridique qui sont à sa disposition, comment faire valoir ses droits est très important. En parallèle, il est parfois nécessaire de proposer au patient un suivi psychologique pour l'aider à retrouver confiance en soi et reprendre le dessus sur une situation qui n'a que trop duré.

Certains patients arrivent en consultation pour des nièmes renouvellements ! Si on a le malheur de s'étonner de la durée dangereuse d'un tel traitement ils répondront « ah non docteur il me le faut, vous comprenez ça fait trois ans que mon médecin me le prescrit, il est en vacances, il m'en reste pour une petite semaine il me le faut ! ». Lorsque le médecin traitant a donné à son patient des mauvaises habitudes, il est très difficile pour le malade d'entendre le contraire de ce qui lui a toujours été accordé ! Il se sent vite frustré et peut se mettre très vite en colère ! Là encore il faut essayer de nouer un dialogue avec un tel patient en lui expliquant les dangers qu'il encoure à poursuivre dans cette direction, en lui proposant de faire réévaluer sa prescription, de voir un psychologue, d'initier avec son médecin une dégressivité progressive pour sortir de l'impasse où il se trouve. Ce discours lorsqu'il est mené en douceur permet de détendre le patient et on peut voir progressivement dans son regard, au début noir et colérique, s'installer un apaisement. Il comprend qu'il est dans son intérêt de s'en sortir et que s'enliser ne le mènerait à rien de bon. Il repartira en disant « merci docteur, pour vos conseils, c'est vrai que je dois m'en sortir, je me sens mal depuis que je prends tous ces traitements, je vais me reprendre en mains et suivre vos recommandations ».

Il est important de dire quelques mots sur le nomadisme médical. Cette errance médicale, qui fait que le patient se sente obligé de passer d'un médecin à l'autre pour recevoir satisfaction, est très délétère et elle est souvent la conséquence d'un manque de confiance. Dans ce cas, le patient est inondé d'informations multiples, plus ou moins contradictoires qu'il se trouve dans l'impossibilité de trier et de traiter. Parfois il obtient autant de diagnostics que de médecins consultés. Au cours de ce parcours chaotique il aura consulté des médecins divers, spécialistes ou généralistes, chacun ayant délivré une ordonnance sans avoir connaissance de ce que le médecin précédent aura diagnostiqué et prescrit. Ces médecins n'ont pas forcément connaissance du dossier médical, de ses antécédents et cela aboutit à la prescription de traitements parfois contre-indiqués et la réalisation d'associations médicamenteuses dangereuses. A force d'errer, et s'il a un peu de chance, ce patient finira en fin de parcours par tomber sur un médecin suffisamment curieux, attentif et à l'écoute, qui décidera de reprendre tout à zéro. Ce médecin se heurtera ainsi à de nombreuses difficultés pour éclaircir le dossier de ce patient, souvent aux multiples antécédents médicaux et malheureusement parfois poly-médicamenté. Dans un premier temps, le premier souci du médecin sera de « fidéliser » le patient, ce qui sera plus aisé si ce dernier se sent écouté et compris. Il devra lui apporter des explications claires pour faciliter la compréhension de sa ou de ses pathologies. De même, il devra insister sur la façon de prendre efficacement ses médicaments, en précisant la durée d'utilisation, les éventuels effets secondaires et surtout pourquoi ils lui sont administrés et quel est l'effet recherché. Il lui proposera la meilleure offre de soin possible en initiant et en centralisant notamment le suivi chez les médecins spécialistes. De cette façon, le patient sera mieux armé et plus à l'aise pour gérer efficacement son quotidien. Un patient qui a tout compris sera un patient assidu et attentif à son suivi médical. Il accordera plus facilement sa confiance et ne sera plus tenté par le nomadisme médical, aux multiples effets nuisibles. Bien entendu, il est facile de comprendre que cette démarche médicale prend du temps et nécessite de la part du médecin une grande patience. Il faudra pour un tel cas de multiples consultations pour pouvoir remettre le patient sur les rails. Un patient qui aura repris confiance est un patient serein. Et quelle satisfaction pour un médecin que de voir son patient apaisé et en pleine maîtrise de sa situation !

Il est cependant important de préciser que dans certaines situations, « changer » de médecin peut être une solution. C'est le cas d'une patiente qui me rapporte avoir consulté un ophtalmologiste, autre que son médecin habituel parti en congés, pour un contrôle. Très peu bavard, le nouveau médecin, après un bref examen expéditif, lui a tendu son ordonnance qu'elle a présentée à la pharmacie. A la lecture du traitement, la pharmacienne, qui la connait bien, lui a fait part de son étonnement. Il s'agissait d'un traitement lourd spécifique d'une maladie oculaire : « je ne comprends pas pourquoi vous avez un tel traitement, la consultation de votre dossier ne montre pas une telle prescription dans les années précédentes. Je vous recommande de prendre un deuxième avis ! ». Et après avoir été aux urgences ophtalmologiques où elle a bénéficié d'examens complets et approfondis, cette patiente a été informée qu'elle ne souffrait pas de la maladie pour laquelle ce traitement a été prescrit ! Dans ce cas précis, le fait de voir un autre médecin a été bénéfique puisque cela a permis à cette patiente d'éviter un traitement inapproprié. Cet exemple montre aussi à quel point les pharmaciens jouent un rôle clé dans le parcours de soin des patients et que leur rôle ne se limite pas à la stricte délivrance du médicament. Leur rôle de conseil est primordial !

De même un médecin qui prescrit un trainement lourd sans prendre le temps de préciser les effets secondaires possibles peut être responsable du nomadisme de son patient. Il est fréquent que ce soit lors d'une consultation avec un autre médecin que le patient s'aperçoive qu'il a des troubles directement liés à un traitement précédemment prescrit, sans qu'un suivi n'ait été mis en place. Un malade à qui le médecin prend le temps d'expliquer les effets indésirables potentiels d' un traitement qui est cependant pour lui indispensable, sera plus réceptif. Il sera responsabilisé parce que le médecin l'aura avertit. Il se sentira accompagné si le médecin lui indique la conduite à tenir si tel ou tel effet est constaté. Il se sentira enfin rassuré si le médecin lui précise qu'il pourra toujours revenir vers lui et que sa porte lui sera toujours ouverte. Le patient doit être pris en charge dans sa globalité. Tous ces détails qui ont leur importance sont les clés d'une relation solide et basée sur la confiance mutuelle.

La consultation « covid-19»

Tout d'abord, il faut préciser à quel point cette pandémie a mis en difficulté beaucoup de malades. Leur isolement les a progressivement éloignés du système de soins. Ils ont renoncé à des consultations importantes notamment par peur de la maladie. Fréquenter l'hôpital pour consulter leur spécialiste habituel était pour eux impensable. Cela a engendré une perte de chance pour beaucoup d'entre eux. Tout ceci s' est accompagné d'un isolement social qui a beaucoup affecté les personnes âgées et a laissé des traces indélébiles aussi chez les jeunes. Les conséquences psychologiques et psychiatriques sont énormes. La pandémie a aussi grandement changé et affecté la relation médecin-malade. Des patients se sont sentis « abandonnés » par leur médecin traitant qui pour des raisons diverses ne pouvaient plus les recevoir. Certains médecins sont tombés malades ou sont décédés, d' autres ont décidé de fermer leur cabinet pour un temps plus ou moins long. Tout ceci a désorienté beaucoup de malades, surtout ceux d'entre eux pour qui le contact avec leur médecin était solide et fructueux. Avant la vaccination, il a fallu réorganiser les emplois du temps et prévoir des créneaux spécifiques dédiés aux patients présentant des symptômes. En centre de santé, ces patients devaient attendre dans des locaux spécifiquement aménagés avant de voir arriver soudainement un médecin couvert des pieds à la tête avec surprotections, sur-chaussures, gants. Le patient était reçu dans un bureau pour une consultation forcément ciblée sur le covid et rien que cela avec un protocole et un interrogatoire précis pour mener l'enquête et tenter de comprendre le contexte de contamination, préciser les cas contacts. Ces conditions d'exercice particulières, stressantes pour le patient et le médecin imposent un contact froid, rapide. Le médecin doit s'adapter à cette nouvelle façon d'exercer et c'était en effet assez complexe au début ! C'est en effet au médecin que revient la charge d'essayer de rassurer le patient, de lui donner les conseils adaptés à sa situation et de lui proposer d'être suivi par téléphone pour prendre de ses nouvelles de manière régulière. Organiser un tel suivi rassure en effet les patients et les soulage. Lorsqu'ils sont contactés par la suite, ils sont ravis de l' attention qui leur est portée. Ces patients ont, pour ceux que j'ai eu le plaisir d'accompagner, été tous réceptifs et sérieux dans le suivi des étapes qui leur étaient proposées. Pour le reste des consultations, hors covid 19, les patients et les médecins portent chacun des masques. Il y a deux ans, nous étions à des années lumières d'imaginer porter des masques durant les consultations ! Ceci affecte forcément la perception que nous avons les uns des autres. Pour le médecin, ne pas voir le visage du patient lorsqu'il s'exprime, son sourire, sa tristesse ou ses mimiques, peut être un handicap dans l'instauration du contact. De même pour un malade, ne voir que les yeux de son médecin sans percevoir les expressions de son visage peut installer une certaine gêne. Nous devons nous adapter à ces changements et apprendre à gérer la relation médecin/malade dans un contexte particulier qui risque de perdurer longtemps...et décrypter le langage du regard !

La crise sanitaire a permis aussi l'explosion des consultations à distance. Cette télémédecine a rendu bien des services pour éviter la saturation des rendez vous. Cela a permis, pendant les périodes de confinement, de ne pas laisser les patients « en panne » de médicaments, surtout pour ceux souffrant de maladies chroniques. Elle a cependant ses limites et doit rester exceptionnelle et ponctuelle. Prendre des décisions sans pouvoir examiner un malade est très frustrant pour les deux parties. De plus tous les patients ne disposent pas des outils et des équipements permettant une téléconsultation. Cela est donc source d'inégalités pour l'accès au soin qui devrait être inconditionnel.

La vaccination a été pour certains patients source d'inquiétudes et de questions, avec l'expression de craintes. Là encore le médecin doit faire preuve de pédagogie mais avec les connaissances dont il dispose, et parfois elles ne sont pas complètes. Le médecin doit selon moi écouter, conseiller, expliquer mais en aucun cas brutaliser un malade réticent ou qui a peur. Le juger ou le culpabiliser n'est pas une bonne solution. Lorsque l'on est médecin, dire à la télévision que ne pas se vacciner est « idiot » n'est pas l'argument le plus convaincant et risque de desservir la cause que l'on tente maladroitement de soutenir! Au contraire il s'agit de lui dire ce que l'on sait, mais aussi ce que l'on ne sait pas encore pour aider le patient, en fonction de sa situation à la prise de la bonne décision. Il faut lui expliquer les conséquences potentielles de la non-vaccination, le guider dans ses choix, le responsabiliser et l' accompagner. Il est tout à fait normal et parfaitement sain qu'un patient souhaite prendre le temps de la réflexion et de l'observation. Qu'il fasse la démarche de consulter dans le seul but d'être conseillé par son médecin est tout à son honneur. Il a été très plaisant pour moi de discuter avec des patients qui désiraient mener une réflexion sur la vaccination, en se documentant, pesant le pour et le contre, désireux de garder un esprit critique sur la situation sans pour autant sombrer dans le « complotisme primaire ». La plupart du temps la volonté de protéger leurs ainés dont ils ont été privés, ou la peur de perdre leur emploi ont été des éléments qui ont fait basculer les patients réticents. Quoiqu'il advienne, nous n'en avons pas fini avec cette pandémie, et tant que le virus circule, il semble que la multiplicité des rappels vaccinaux soit pour le moment la seule solution pour garder « la tête hors de l'eau » et reprendre un semblant de vie normale. La baisse de l'immunité acquise par la vaccination fait de cet outil une solution temporaire, ce qui requiert une vigilance toute particulière. Par ailleurs nous serons régulièrement surpris par l'émergence de nouveaux variants, aux mutations variables qui devront nous forcer à modifier la démarche de soin et adapter notre réponse. Ce virus aura toujours de l'avance sur nous. Il sera donc toujours important de respecter les mesures barrières qui doivent rester des armes complémentaires. Cette épreuve épidémique doit inciter le monde médical à entreprendre un travail d' introspection pour mettre en lumière les dysfonctionnements, le manque de cohérence et de synchronisation dans les idées et les propositions. L'esprit critique et l'humilité devant des situations qui nous dépassent doivent toujours prendre le dessus.

Enfin il est important d'avoir une pensée pour toutes les personnes, médecins ou malades qui ont succombé à cette maladie. Je pense qu' une journée de commémoration à la mémoire des victimes de ce virus devrait être organisée. Cette pandémie a engendré beaucoup de souffrances et a décimé de nombreuses familles, tombées dans l'oubli. Le temps passe mais n'effacera jamais les blessures physiques ou psychiques. Il faut aussi que le corps médical accompagne plus efficacement les patients porteurs de séquelles et souffrant du « covid long ». On retrouve en effet beaucoup de ces patients dans un parcours d'errance médical et cela doit être rapidement pris en considération. La pandémie a tout bousculé, brisé beaucoup de vies.

Conclusion

Pour une relation médecin/malade réussie, chacun doit y mettre du sien et améliorer son rapport à l'autre. Le médecin doit, au-delà d'être un bon technicien, être là pour aider son patient. Il doit faire preuve d'humanité. Comprendre ce que l'autre ressent, entendre ses plaintes, comprendre sa souffrance est indispensable. Il ne s'agit pas pour le médecin de fondre en larmes quand le patient s'effondre, au contraire il doit faire preuve de stabilité émotionnelle. Il est pour le malade qui souffre un référent, un pilier sur lequel il peut s'adosser et doit savoir faire preuve d' empathie. Prendre le temps d'aider une patiente âgée, vivant seule et qui paraît perdue pour prendre rendez vous chez un confrère, c'est faire preuve d'humanité. C'est simplement se mettre un peu à la place de l' autre et faire preuve de modestie et d'humilité. Le patient doit bénéficier d'une écoute attentive, sans être jugé, pour se sentir en confiance. Il est donc important pour un médecin de chercher à établir un excellent contact avec son patient. Tous ces paramètres constituent la base d' une relation réussie. Bien entendu dans cette relation particulière, il est indispensable que le médecin soit capable de garder quelque distance avec son patient pour être en mesure de prendre du recul devant toute situation. Il doit rester un référent pour le patient et n'a pas vocation à devenir son ami, c'est ce qui permet l'instauration du respect mutuel. Si le patient ne se sent pas suffisamment mis en confiance, il cherchera un autre médecin qui correspondra mieux à ses attentes, ceci est naturel. C' est le principe de toute relation humaine. A quoi bon persister dans une relation où l'on ne se sent pas considéré et écouté? Le médecin doit savoir faire preuve de modestie et surtout être capable de se remettre en question de temps à autre. Personne n'est indispensable et personne n'est irremplaçable ! Finalement, tout cela ne devrait pas être si compliqué ! Ne suffit-il pas d'agir comme l'on voudrait soi-même être traité ? Un médecin est un être humain et donc aussi un patient potentiel... De son côté, un patient mieux informé, bien averti suivra plus facilement les recommandations données par son médecin et sera plus réceptif. Le médecin doit lui faire sentir qu'il doit s'impliquer dans son parcours de soin, échanger avec lui, ne pas rester passif en se sentant libre de poser toutes les questions. C'est une sorte de contrat de confiance.

Pour ma part j'ai eu la chance d'avoir une autre vie professionnelle de scientifique avant d'être médecin. Cela m'a permis de cultiver certaines des qualités requises pour ce métier, la patience, l'écoute, l'échange, la remise en question. Et ce, contrairement aux jeunes étudiants en médecine qui sont confrontés très tôt à des situations difficiles sans y être forcément préparés. Ces qualités ne sont pas toujours innées, elles sont dépendantes de beaucoup de paramètres : l'histoire personnelle, le milieu social, les épreuves que l'on pu traverser et surtout l'éducation, qui joue un rôle primordial. Lorsque j'ai commencé mes études de médecine après mon parcours de chercheur, j'ai pratiqué un de mes premiers stages hospitaliers en pédiatrie dans un grand hôpital parisien en côtoyant de jeunes étudiants en médecine, plus jeunes de 7 ans et qui avaient les centres d'intérêt de leur âge. Après avoir appris la particularité de mon parcours, une professeure de pédiatrie, chargée d' encadrer le petit groupe d'externes que nous formions, m'a prise à partie le premier jour de stage et a cru bon de m'interpeler pour me prodiguer un conseil curieux en me lançant sur un ton plein d'*apriori* : « toi, il faut que tu saches qu'un malade c'est pas une cellule ! ». Elle avait des préjugés infondés, pensant qu'un scientifique de formation était une sorte d'individu sans cœur, incapable d'émotions ! Cette phrase m'a fait sourire puisque je savais que la base de mon engagement en médecine c'était au contraire la volonté d'aider, de comprendre et d'accompagner mon prochain. N'est ce pas la base de notre serment d'Hippocrate ?

Printed by Books on Demand GmbH, Norderstedt / Germany